✝ LE 10 MARS 1923...

Cette plaquette a été tirée
à 25 exemplaires non mis
dans le commerce.

Exemplaire offert à la
    Bibliothèque Nationale —

    Claude Aveline

LE 10 MARS 1923,

A ÉTÉ CÉLÉBRÉ

EN LA MAIRIE DU XVI. ARRONDISSEMENT

LE MARIAGE

DE

HÉLÈNE BERNOT

ET DE

CLAUDE AVELINE,

EN LA PRÉSENCE

DE

MADAME CHARLES BERNOT

ET DE

M. ET MADAME GEORGES AVTSINE,

LEURS PARENTS.

Leurs amis

M. ET MADAME AUGUSTE BARDIN

M. ET MADAME JEAN BERNOT

M. ET MADAME AD. VAN BEVER

M. ET MADAME ÉMILE CAILLET

M. ET MADAME MAURICE DENIER

M. ET MADAME GUSTAVE F. KAHN

M. ET MADAME PIERRE PONTRAMIER

MADAME E. STADELLY

M. O.-P. GILBERT

M. ROBERT CHARLES-BERNOT

assistèrent à leur union.

Lorsque l'heure des toasts fut venue,

M. GUSTAVE F. KAHN

parla en ces termes :

Mesdames, Messieurs,

En prévision d'avoir à prendre la parole à
l'heure des toasts, j'avais préparé un assez long
speech, dont j'étais, à juste raison, assez fier.

Malheureusement, je l'ai laissé dans mon tiroir.
Et me voici réduit à la fâcheuse improvisation.

Je vous demande votre indulgence pour le dé-
cousu de ce que je vais dire.

Mesdames, Messieurs,

Depuis quelques semaines, c'est la seconde fois
que nous nous trouvons réunis à la table de Madame
Charles Bernot, qui nous offre une hospitalité aussi
large, aussi... confortable que cordiale, à laquelle on
pourrait très facilement s'habituer.

Je vous demande de vous joindre à moi, dès
maintenant, pour boire à sa santé.

Mesdames, Messieurs,

Lors de la réunion à laquelle je faisais allusion
tout à l'heure, j'ai eu le grand plaisir, d'ailleurs partagé par tous, d'entendre notre ami Emile Caillet
nous rappeler des souvenirs de ses débuts dans

notre Maison. Son succès, si mérité, et dont je fus
un peu jaloux, m'incite à tenter de l'imiter, plus ou
moins bien, et à vous raconter à mon tour un petit
fait d'il y a quelques années, et dont j'ai fidèlement
gardé le souvenir.

Dans ce temps-là, Chère Madame (Bernot), pour
récompense aux travaux de l'année de vos enfants ;
certainement aussi dans l'espoir d'offrir un peu de
repos au Chef de Famille bien aimé, qui en avait
tant besoin et en usait si peu, vous vous étiez instal-
lés dans une charmante villa aux environs de Paris,
à Saint-Gratien.

J'étais parti un soir avec M. Bernot, qui voulut
me faire faire lui-même le tour du propriétaire.

Après avoir parcouru le grand jardin si attrayant
en ce mois d'Août sans pluie, et les diverses pièces
du rez-de-chaussée, nous montâmes au premier, tra-
versant une série de chambres plus souriantes et
plus gaies les unes que les autres. Dans la dernière,
assise dans son petit lit, une fillette lisait.

Et ce devait être bien intéressant, car elle ne
bougea pas quand nous entrâmes.

Et sur un joyeux appel de son père « Eh bien !
Hélène, on ne dit pas bonsoir », la fillette murmura
quelques mots, sans relever la tête, cachée derrière
un grand livre d'images, et continua sa lecture.

Déjà perçait en vous, Chère Madame (Aveline),
ce goût des livres, cet amour des belles œuvres qui
devaient influer sur le choix et le succès de vos étu-
des, dont les amis de vos Parents ont eu souvent
l'écho.

Amour de la lecture, des belles éditions — pré-
curseur probable de l'affection que vous deviez
éprouver plus tard... pour l'Éditeur.

Aujourd'hui, vous voilà libre de lire, et surtout
de produire en collaboration avec votre Époux, les
beaux ouvrages que vous aimez tous deux.

Ce goût partagé des belles choses ; l'affection
qui déjà vous lie l'un à l'autre ; l'amour du travail
que vous possédez tous deux à un si haut point et
dont vous avez puisé l'exemple dans vos deux Fa-
milles, sont les plus sûrs garants d'un bonheur que
nous vous souhaitons.

C'est dans la conviction que ces souhaits se réa-
liseront, que je lève mon verre à votre santé — à
votre bonheur.

GUSTAVE F. KAHN

A son tour,

M. ÉMILE CAILLET

prononça ces quelques mots :

Ce dixième jour du troisième mois de l'an de grâce 1923, l'Éditeur d'art, le lettré que vous êtes, Cher Monsieur, a déclaré par acte signé et paraphé, s'engager à tenir désormais rayon de bonheur.

Or, plus que quiconque, vous paraissez qualifié pour exécuter cet engagement, lequel serait certes redoutable, si pour le tenir et le justifier, vous n'aviez à vos côtés Mademoiselle Hélène Bernot, à qui certain jour, vous contâtes telle histoire étonnante, morale et véridique où de bonheur il semblait fort question.

Il vous appartient maintenant de conduire sur la route de la vie votre très charmante compagne. N'ignorant rien des ronces du chemin, vous saurez, nous n'en doutons pas, les écarter de celle qui ne demande, en toute confiance, qu'à se laisser guider par vous.

Vos Parents, Cher Monsieur, à ces prémisses de bonheur, sourient avec quiétude, de même vos amis ; et votre dévouée Mère, Chère Madame, votre maman, évoque, en y songeant, et vos premières années et le chemin parcouru depuis.

Réminiscences douces et mélancoliques tant soit peu, qui dans un cœur de mère, à la joie éprouvée par rayonnement, ajoutent cet attendrissement charmant dont elle peut se montrer fière.

Vous voici, Cher Monsieur et Chère Madame, l'un et l'autre au printemps de la vie. Elle vous appelle, vous attire, et puisque les fées, en vos berceaux, mirent d'aussi heureux dons, il me reste à vous offrir un simple brin de philosophie, dont jadis un mien ami me gratifia.

Puissiez-vous jamais n'avoir à l'utiliser.

Tel sera en ce jour mon ultime souhait. En votre honneur, je lève mon verre et bois à votre bonheur.

ÉMILE CAILLET

CETTE PLAQUETTE A ÉTÉ
IMPRIMÉE A XXV EXEM-
PLAIRES, PAR DELAYANCE,
IMPRIMEUR A LA CHARITÉ-
SUR-LOIRE, AUX DÉPENS
D'HÉLÈNE ET DE CLAU-
DE AVELINE, POUR COM-
MÉMORER CETTE JOURNÉE.